Think Write

高质量论文

www.thinkwrite.biz

First published by ThinkWrite™, 2011

Translated by Zhiyan Zhang, University of Exeter, 2011.

ISBN 10:
ISBN 13:

Printed and bound by www.lulu.com

www.thinkwrite.biz

高质量论文

《思写》课程

《思写》的一套课程能使参与者更加清楚、确定和自信地进行沟通。

清楚

这套课程一个最关键的主题就是需要确定你想表达的是什么。言下之意就是，"你要传达的信息是什么？"信息不清楚沟通就会失败。

确定

要进行有效的沟通你需要知道你是谁以及你的听众是谁。这些成分会随着任务的变化而变化。在一些场合你可能是一个学生、专家或主考官。你也可能是一个同事、教练或顾问。你的听众可能是一个编辑、同行或者主考官。你可能需要向一个资金颁发委员会证明你的能力或说服一个病人去坚持特定的方案。在任何一种情形下，决定进行沟通时的身份和扮演的角色，能使你在执行任务时目标明确。

信心

信心不足地去执行一项任务是困难的。不确定是否能完成一项长跑竞赛的赛跑者倾向于熬过75%的赛程。把沟通分成多个精心设定的步骤，这个方法不仅能增加你表述的信心，而且能让你在面对最后期限时信心十足。

背景

这些课程是由彼得·摩尔博士开创的。从学术背景来看，彼得是一个胎儿生理学家。就信息沟通经验来说，彼得可谓硕果累累。他的著述超过16部，发表于报刊杂志的论文多达数百篇。他不仅在地方和国内国际电台电视亮相，而且在多种场合做过演讲，听众30至3000不等。

以沟通观点营生迫使摩尔开创了有效的方法，而这些根本的方法则构成了《思写》这套课程的核心。

设定愿景

没有人会在毫无主意时就来写论文。在你要创作此类论文时你应该已经完成了无数的考试，写了不可计数的文章和报告，并且很可能你刚艰难地完成了一篇论文。很明显你完成得还不错，要不然你不会走到现在这一步。你可能还没有创作出一篇学术论文，但你已从很多方面打磨出衡量成功的标尺。现在的挑战就是转入一个新的区域。

也有可能你已经创作了一些论文并且不愿继续投入时间和情感，而且你知道如果论文写作在你的职业生涯中是一个相对自由而没有速度要求的事情，那么你需要一个更为有效的方法。或许现在正有一小队有才智的人跟尔一起工作或者为你工作，他们每个人都在开展不同的项目并且需要你对他们的成果进行点评。草案纷沓而来，率先完成任务看似不可能。你将如何不拖小组的后腿呢？

花点时间

迄今为止你写过什么有用的东西？（比如短文，测试，论文，学术研究资金申请等等）

. . . .

. . . .

. . . .

设定愿景

在你已经完成的事的基础上，你希望读这个小册子能为你带来什么呢？一旦你完成了你现在无法做的事，你希望能做什么呢？

. . . .

. . . .

. . . .

对于我这样一个刚刚开始职业生涯的研究人员来说，这个方法非常管用。因为它不但实用，激励人，而且让人乐在其中，我百分百会向其他人推荐的。

伦敦教育学院的一名讲师

背景

了解学术论文

写作以使改变

学术领域是，关于对世界本来面目的理解，关于在这个世界里好好工作，甚或关于努力使这个世界变成一个更好的场所。它的方法是建立在采取细缓稳健的措施之上的，并且其中的每一步都记录在册。图书馆以前是灰土堆积的书架，现在却摇身成为在线数据库。因此现在的图书馆是一个你能追踪一个观点如何演化发展的场所。同时你也可以看到一个论点是由什么支撑起来的，并且发现在过去的几年里谁做了什么。

尤其是在科学领域，论文记录了各个领域的研究历史。它们向我们展示每项工作是如何开展的以及收集到的数据。每篇论文还记录了对不同研究者采用的不同方法进行的点评。数据如何肯定或改变现有的思维模式也在记录的范围之类。正如此，论文成为了学术论争和知识的积木。

也正因为此，学者们慎重检查以确保发表的论文是不存在问题的，并且论文中的论点是合逻辑的而且论据充分的。他们也热衷于舍弃那些不合法、不道德，或看似欺骗性的论文。要实现这个目的，论文必须在发表之前经由同行的审查。我们通常称此为"同行评审"。

论文能为公共知识宝库添砖加瓦，同样它们也塑造职业者。我们用很多标准来评判学者，其中一个主要的标准就是他们的发表记录。其中的几个要素是：他们发表的论文数，论文所发表的期刊的排名（影响因子），以及论文被他人引用的次数（引用记录）。具体哪个因素更加重要可谓是仁者见仁智者见智。有的看重数量，有的青睐质量。但有一点是一样的，即所有的学者都看重发表的论文。

不要忘了编辑

然而，我们不能忘了与此相关的另外一个人，或者说一类人——编辑。编辑是从相关的学术领域挑选出来的，因为他们对此有着很好的宏观把握力和学术造诣。他们身负广罗某个被关注的领域的所有论文的任务。有些期刊涵盖的领域比较广，有的则略窄，但他们都有自己特定的领域。为什么论文被拒的一个最主要的原因是编辑觉得它们不关涉兴趣领域。

编辑也对同行评审者的选择进行把关，并且对如何处理他们的反馈信息进行判断。因此编辑对你的职场生活至关重要。

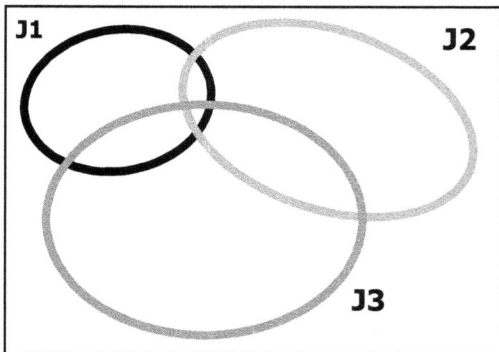

你应该说什么？

随着你的研究的进展，你读了大量的论文，也汇集了很多人的观点。你将做一些你自己的研究，并且整合你自己的数据。这些相应地会催生你更多的思想和观点。一开始你可能不会觉察到，但随着时间的变化，你的头脑会开始嗡嗡作响——那就是观点在作怪。事实上，可能会有太多的观点涌入你的头脑。

你自己的研究会随之导向一些新的结论，甚至会带来创新性的变革。这或许是一个可以填补空白的数据，或许是一个能催生新型装置的新理论，或许是一个对既往理论和思想进行完善的数据。

这个单子可以一直列下去。但是基本的问题很明显。你如何能从你的观念世界走入另一个世界，另一个你能开始表达你的观点的世界呢？为此你需要整理你的思路，弄清你想表达的是什么，然后确保你有能支撑你的观点的论据。

一个百试不爽的方法就是写下一条信息。这条信息是一个清晰的陈述性语句。在很多情况下，它会是你的研究的发现或结论。如果你只有15分钟来告诉大家你的发现，那么这条信息就是你所要陈述的内容。它应该是一个与问句相反的很明确的陈述，并且，如果你以第一人称主动句去写，那通常会更容易。

然后，你需要一个媒介来传达它——一个能容纳它的文件。此刻我们将考虑一个学术论文作为媒介，但是，就像有很多专门设计的有篷货车、铁路货车和敞篷火车以用于不同的货物运输和场合一样，也有很多不同种类的论文。它们在长度、结构和语言风格方面有所差异。有的有标题，有的则没有。有的附有图片和图标，有的则只是单纯的文本。尽管在如何写论文方面你有很多选择，但是这种选择会受限于你要投稿的期刊。在开始计划你的论文之前一定要核查你的目标期刊。

成功

在你着手执行你的任务之前，有一个问题值得思考，"怎样我才能知道我成功了？"。有两个基本的方法来看一篇学术论文：

1）发表在你的目标杂志
2）其他人在他们的著作里引用你的论文。

第二点很重要，事实上如果你计划从事学术工作，它可以说是至关重要，但是我还是鼓励你在写作的时候主要考虑把让你的论文发表在目标期刊作为衡量成功的基本标尺。这有很多原因。如果你的论文没有发表：

1）你不能把它叫做论文，
2）它没有希望立足于你的简历，并且
3）它没有希望被他人引用。

在写作论文时选择发表作为衡量成功的标准能引入另一个有用的策略——开始满足另一个关键决策者的需要。

满足读者

要简化写作任务，如果你能满足读者的需求，那是非常不错的。比如，他或她对你的工作领域的知识水平如何？这个人对你的方法和数据表有几成了解？读者是一名学者还是一名从业者？

这个单子还可以继续......但论文不可以。论文相对较短；只有几千字。它可能看起来有很多，但是它不能将你想说的全都容纳进来。因此你无法对每个人都说，但是你仍然希望很多人读它。

各行各业的写作者都使用一个简单的方法来解决这个问题。他们认定一个人，去了解他，然后在写作的时候把他装在脑子里。这里面包含的基本原理就是：如果你的脑海中装着一个认定的人而不是试着去装几百人，那么你能清楚表达的几率会非常高。这并不意味着忽略其他人，事实上，这有助于满足你想满足的所有读者的需求。毕竟，当我们在希望论文有个侧重点的时候，我们也在希望最终它将有很多的读者。

让我们来设想一个与写作无关的例子。电台采访是一个能同时向百万听众传达信息的有效方式。通常这是一个人（被采访者）和另外一个人（采访者）交谈。然而，这种一对一的谈话却能被百万听众收听到，并且每个人都获取到了一定的信息。如果被采访者设法去迎合一百万听众的个人需求和兴趣，那么这个方法就会失败。

那么问题就是，"你为谁写作？"一个重要的选择就是确定关键的决策者——比如，谁扮演把关人的角色。

确定把关者

我们已经说过，写作论文时需要记住的最主要的目标就是让论文发表，并且是在目标期刊上发表。接下来的问题就是，认定那些把关者并且看看我们是否知道其中一些人的名字。一旦你能得知他们的名字，你就能知道论文中哪些因素为他们所看重，并且利用这些信息帮助你写作以增强你的胜算。同时，我们将认定的把关者大多数也是你学术领域里的关键学者，所以这并不影响你向他们学习。

当你第一次开始写作，你会有四种不同的潜在把关者（随着你的研究的进展你会从某种程度上失去你的导师）：

1) 最终的读者
2) 你的导师
3) 同行评审者
4) 编辑

首先需要明确的是，最终的读者在论文能否发表这个问题上没有决定权。是的，他们对你很重要，但也仅仅是在你的作品被接受，论文被发表之后。

那么单子上的其他三个呢？让我们来看看哪个最有权力，哪个人的名字你知道。如果你不知道他们的名字，那么就很难锁定他们。

你的导师：

是的，你知道这个人的名字；是的，他或她在你的论文被送出之前将要对你的论文表示满意，但是一旦论文"在邮递中"这个人将不再有丝毫的决定权。像你一样，你的导师仅能坐等。

你的同行评审者：

你的论文将被送给至少两个匿名学者。检查研究是否成功是他们的工作，他们还会就论文的重要性上给出他们的意见。问题是　当你在写论文时，你无法知道这些人是谁。你可以猜测——但也仅限于此。

编辑：

每个期刊都有编辑。你可以通过查询期刊的网页或者翻看它的前几页得知编辑是谁。这个人在你的论文能否发表上有相当大的影响力，并且你可以发现他或她的名字。如果编辑认为这篇论文不适合他或她的期刊，那么编辑就不会把论文传发给同行评审者.

名字里包含什么？

我建议你选择编辑作为你的锁定读者。这个建议可以为你带来很多好处。

1） 你能找出他或她的名字，然后：
. 按图索骥地找出这个人的论文。
. 读这些论文以了解这个人的个人兴趣和专长。
. 看看这个人是否有自己的专门网页。
. 留心他或她是否在一些会议上做演讲或贴海报。
. 如果你在会议上遇到他们要向他们提问题。
. 向同事们打听他们，或者让同事给你指出他们。

2）你可以读期刊上的社论以及他们可能写过的一些摘要。这会让你对他们的兴趣所在有所了解。问你自己：
. 我的著作在哪方面跟它相关吗？
. 我的著作回答了社论里提出的一些主要的热点问题吗？

3）研读编辑看好的这类论文。它们侧重于观念还是实践成果呢？当涵盖到方法和数据时它们是深入细节呢还是浮于纲要？它们是倾向于很长的引用语和结论以及参考文献，还是只有寥寥引用语的精短论文？

4）期刊中的论文是以第一人称（"我们做了这个"）写的还是第三人称（"它被做"）写的呢？与一般的想法不一样的是，很大一部分科技论文是以第一人称写的——但也不是所有的期刊都这样。通过查看编辑过去发表的论文，你可以避免惹恼那类持有很强观点的编辑。

5）你可以通过收集期刊中最常使用的关键词更进一步。这是另外一个方法来帮助你了解期刊所涵盖的内容以及至少被编辑认可的语词。如果你在论文写作中无法自如运用其中的一些关键词你会感到忧虑。

6）若要再进一步的话，你还可以分析期刊中的论文的总体构架。可以从基本的结构看起——标题的顺序，每部分的段落数，以及图形数和风格等等。

第 一 步

建 立 一 个 以 特 定 期 刊 为 导 向 的 结 构

研算 会带来启发

如果你对总体的结构没有一点底却着手去创作，那么你执行的就是一个棘手的任务。你开始了，你却对你将要搜集的观点和内容的数量没有主意。你也将对那些创作者所采用的基本结构毫不了解。

有一种方法就是研算。在你的目标期刊里找出三四篇最近发表的论文。要确保这些论文关涉你的研究领域，如果你或你所属研究组的带头人并未参与创作这些论文则理想不过了。

然后，开始分析它们

你可以从标题开始。它有多长？有的期刊偏于短小精悍的论文，有的则奉微型为上。有的喜以微笑结尾，有的则尚以讽刺告终。越来越多的科学论文开始陈述新发现，并且通过把动词放在标题里来凸显其力度。看看你锁定的期刊喜欢什么——这也是编辑希望你去表达的一个强有力的暗示。

接下来的是作者名单。看一下。它们是按词首大写字母在前名字在后写的，还是相反呢？还是使用全名？在这种情况下，是先名后姓还是先姓后名？其看中的论文有多少作者重名？它会不一样。你应该找一个你计划能符合你所使用的数字的期刊。如果这时你感到了困扰，那么很可能你没有找对期刊。

摘要有点不一样。我的感觉就是，你写完论文之后写摘要比较好——你从论文中提炼摘要。大多数的期刊就形式给出了严格的说明。看一下写给作者的说明并且遵循它。

现在我们进入到论文的主体部分。看一看总体结构，譬如说，主标题的名字。看看每部分有没有副标题，以及有几个段落。留心高频关键词，它们可能也会自然地现身在你的论文中——使用它们将会让编辑知道你投对了期刊。

放手一试

接下来的三页会有一些图表，你可以使用它们来查看单个期刊中反复出现的论文形式。

很多科技期刊使用常规的标题系列。两个科技表格让你在完成表格之前在左栏记下它们。第三个表格是用来帮助你查看人文类论文，因此会有很大的灵活性。

在每个例子当中，我们的目的不是发现"平均"论文，而是查找那些反复出现在特定期刊中的论文结构。从最近的版本中计算一下——你将会对这么容易就找到了共同的模式感到诧异。

我们不是企图对一个期刊中的所有论文做一个全面的评论分析，而是尝试确定一种在与你的研究相关的期刊中被普遍采用的结构。

经典的——IMRaD 科技论文

有些科技期刊遵循一种简易的结构：引言、方法论、结论和讨论。在使用这个表格之前，仔细检查以确保论文按照这个顺序，并且不要包含其他你通常包含在内的成分。

期刊						
卷#						
页#-#						
作者格式 （词首大写字母/名字顺序）						平均值
标题	多少字？					
	动词：是/否					
	冒号？					
摘要	有结构的？是/否					
关键词	把它们列出来					
引言	多少副标题？					
	多少段落？					
方法论	多少副标题？					
	多少段落？					
结论	多少副标题？					
	多少段落？					
讨论	多少副标题？					
	多少段落？					
参考书目	多少？					
图形	多少？					

科学格式

其他论文并不遵从IMRaD结构，但是期刊论文仍然遵循正常的模式。在左栏里把一系列的主标题记下来，然后开始数自然段。

期刊						
卷数						
页数						
作者格式 （词首大写字母/名字顺序）						平均值
标题	多少字 ？					
	动词：是/否					
	冒号？					
摘要	有结构的？是/否					
关键词	把它们列出来					
引言	多少副标题？					
	多少段落？					
？	多少副标题？					
	多少段落？					
？	多少副标题？					
	多少段落？					
？	多少副标题？					
	多少段落？					
？	多少副标题？					
	多少段落？					
？	多少副标题？					
	多少段落？					
参考书目	多少？					
图形	多少？					

人文类论文

很多论文套用的是经典的论文形式。结构不是很明显，但是你仍然能够发现一些界线，他们能给你提供一些有用的暗示。

期刊名称						
卷数						
页数						
作者格式 （词首大写字母/名字顺序）						平均值
标题	多少字？					
	动词：是/否					
	冒号？					
铭文	是/否					
摘要	是/否					
关键词	列出来了吗？是/否					
	把它们记下来					
方法论	陈述了还是暗示了？					
引言	多少段落？					
主文本	多少段落？					
标题/副标题	每部分多少个？					
编号	是/否					
结论	多少？					
参考书目	多少？					
图形等	多少？					
引言	形式和数字					
脚注	多少？					
尾注	多少？					

现在是开始建构你的论文的时间了

到现在为止，我们已经做了大量的背景研究。你已经思考过你的目标期刊了。你已经就它覆盖的领域、它的核心兴趣和关注点以及参与决定你的著作的命运的关键决策者等搜集了一些信息，现在你可以就这是否是你锁定的正确的期刊做出选择，你可以开始估量那些你能考虑写入引言或结论的背景材料，这样很可能会吸引那些接触此期刊的读者。

你也已经发现此期刊发表的一些论文结构中的构成要素。这是你可以遵循的指南，但不要死板地受制于它。

比如说，如果你查看一个期刊并且发现所有的报纸都以引言部分开头，那么你最好也这样开头。但是，我们可以走得更远。如果你发现引言有三至五个自然段，大多数有三个，那么我建议你以三个为目标，如果需要的话允许你超过两个——但是不要超至6个。没有证据表明期刊对此做出了要求。但很有可能你会陷入"过多的细节"。

潜藏的形式

在有的情况下，形式不是十分明显。在一些有方法论和结论的论文中，在就有一个材料翔实的方法论部分和简短的结论部分或相反这一问题上有很大的选择空间。在这种情况下，你将会发现，尽管这两部分本身差别很大，但是在两个部分都增加段落会产生相当稳定的数字。

没有形式

这很稀有，但是有的期刊刊发各种不同形式的论文。每次你看到的论文都是不同的。我的建议是，你挑选一篇你喜欢的论文，一篇如果由你写你会很满意的，并且尤为重要的是，一篇你认为有你希望能表达你的观点的形式的论文。分析这篇论文，然后将它作为指南来使用它。至少这样你知道这是这个期刊接受的类型中的一种，并且你不是在创作另外一个新的类型。

谨记......

兴奋点更多的应该是体现在观点的力量上，而不是在结构的新颖方面。

画图

很多人使用心智图作为工具来帮助他们汇总他们的思想。他们起初在一张纸的中间写下一个观点或一个问题，然后围绕着这个中心主题写下他们的所思所想，用线条和箭头将它们联系起来。当他们开始的时候，他们对结构一无所知。他们不知道将会有三个、五个还是多少个主要的块丛——随着进展它们会演变。事实上这种无法提前了解的状态是很多心智图最主要的特色之一。你让你的思想尽可能自由地流动。

很多人以同样的方式来对待写作任务。他们坐下来写引言，以收罗尽可能多的思想为能事。然后引言就变成他们的思想的长度。引言的长短成为个人的见解。此法同样贯穿在论文的其他部分。

从你刚刚所做的研究你可以发现，一个既定期刊中的每个部分都有篇幅的限制。比如，你可能已经发现所有的引言至少有两个自然段，大多数有三个，没有五个以上。这就有了一定的弹性，但它显示的是，如果你在目标是三个，你的论文会符合期刊对引言的信息量的期望。

我们已经做完了段落计算，那么现在我们来看制图。它看起来会有点像心智图，但是它几乎不含有文字。目标就是绘制一个图表，用以引导你写出一篇论文各个部分的一部分内容，并且在初稿中就写好。之后我们会看到这个方法也有助于你把最好的信息填充在论文的各个部分。

关于段落、步骤和树状图

语言可以分解为字词。字词结块合为语句，然后语句成丛合为段落。如果你正确地使用它们，每个段落都在陈述或支撑一个观点。这应该是一个步骤。

如果你的引言倾向于有三个段落，那么你就是在强烈表达你将通过三个步骤将读者从无知引向知。

我们要创作的是一个树状图，其中的每个枝都包含一个段落一个步骤。为此，我们称之为"步骤树"。

步骤树

•拿一张纸。A3是一个不错的选择，但有时候你可能希望是一张更大的纸，比如说一页活动挂图纸。

•现在在中间和右上角各画一个盒子。

•中间的盒子要大到能容纳大约三十个单词。一会儿我们将填上"信息"。之后会更多。现在暂时让它留空。

•在右上角的盒子里写下你的目标期刊的名称以及其它与其关注重心相关的信息。它喜欢理论性论文还是应用型论文呢？有没有论文中反复出现的你认为可以用在你的论文中的关键词汇？等等。

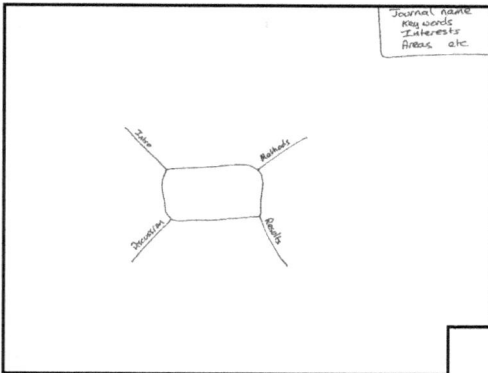

•现在为论文的每个部分画一条线并且标明这部分是什么。这个图标描绘的是典型的科技引言、方法论、结论以及讨论（IMRaD□发音为"imrad"）论文。

•最后在每个部分画条实线表示你要写的段落，画条虚线表明如果你需要的话你会写。

现在你有了一张绘有论文基本结构的图表，这样的论文将能巧妙地与特定期刊的形式要求匹配。

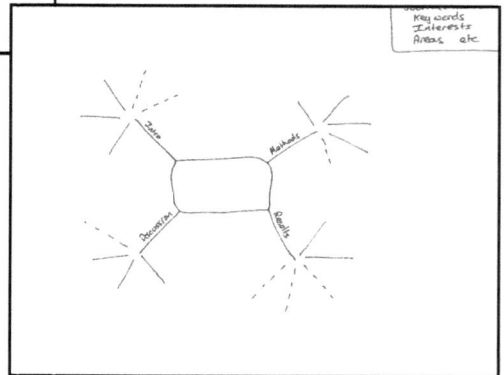

第 二 步

定 义 你 的 信 息

所有的内容都在一条信息里面

面对那些出售的书,你可以说"这本书是……"换句话说,它有着明确的信息。论文也有核心观点、关键发现和主要结论。你会使用"信息"这个词。

信息起到两个作用。它帮助读者在脑海中勾画一个目录,但更重要的是,当你在写作时它会帮你集中精力于要表达的重点。

三个指南

12—16个单词

在你定夺信息的初稿时,保持短小为好。单词的具体数量并不重要,你将会在保持有限的单词数量方面觉得棘手。但是这个练习将会使你不至于花过多的时间在这方面。之后你还能回过头来添加更多的细节。

一个动词

确保你使用一个动词。这将帮你造一个主动句。诸如"是"之类的动词就很好,但是你无须局限于此。

我想用动词和适当的主语来使表达清晰明了。举个例子, "移动"这个单词就要求你指明谁或者什么在移动。

我们也可以泛泛地使用 "移动"的现在分词形式"在移动"。比如:"从德国移往法国的良好惯例",尽管看起来还好,但它并没有表达什么实质内容。这不是一个句子。因为没有使用动词它只是一个没有表达明确信息的短语。去掉 "ing"这个现在分词的标志,把它变成动词,那么意思就很明了了。

"我们的方法使得良好的惯例从德国移向法国"。

同样的,被动句"良好的惯例被从德国移往法国"会提出一个问题"被谁?"。使用主动句会迫使你明确施行动作的人或主语。并且,这对你明确你要表达的是什么很有意义。

不是一个问题

如果你只能用一个问题来表达你的观点,那么把它写下来。但是接下来要回答它。你的答案就是你的信息。

"A比B更好吗?"变成了"A比B更好",或者很可能是"我们不知道A是否比B更好。"它是一个不确定的信息,但是它仍然是一条信息。

开始吧：

· ·

· ·

· ·

· ·

是不是有不止一个动词

很多时候你需要在句子里用到不止一个动词。那是因为你发现你要表达的不是一条信息。不用担心，你只要确保每条信息在句子里被传递出来就行了。在这种情况下，试试看是否有其他的方法和数据来传递信息。比如，第一条信息可能与一项实验或面试相关。那么第二条则表述一条政策或应用型发现。

如果是这样的话，你要确保你的方法论和数据都体现在论文中。不要顾此失彼。

要使表述具体化

你可能要和你的同事一起来完成这一步，但是要传递的信息不应笼统而应明确具体指向性强。你可以让你的朋友或同事给你挑刺，以辅助你实现你的目标。比如，如果你的论文涉及到病人，那么很显然你要问你自己，年龄，性别， 地理位置等等是否很清楚？如果它们很重要，那么就不可忽视它们。

要了解诸如"改进"或"破坏"之类的词语。要尽力明确改进或破坏的实质内容。类似"很多"或"多样"的词语也很成问题。他们都没有说明你要表达的具体数量。最简单的办法就是给出一个数字——最好的方法就是把它们罗列出来。现在你该清楚你要表达的是什么了。

更多的词语

添加这些细节将会使你的句子超过16个单词。这样很好。我们原先努力缩短句子是想让你把注意力放在某一个方面。这些附加的单词现在能让你看得更远。这就有点像使用放大镜来看一个物体，然后增加镜头，最后以望远镜收尾。这些增加的光学元件虽然使你聚焦的区域更小，但却更清晰更重细节。

第 二 步： 定 义 你 的 信 息

试着用三四种不同的方式来表述你要传达的信息，看看你喜欢哪一种。

. . . .

. . . .

. . . .

. . . .

. . . .

. . . .

. . . .

. . . .

. . . .

. . . .

. . . .

第三步

搜集适当的信息

让信息成为你的向导

现在要考虑的是把你所需要的信息汇集起来，向编辑证明你的信息和表达这个信息的著作值得发表。你不需要写下你知道的关于这个主题的一切信息。

从步骤树你可以看出每一部分有多少段落——在你的阐释中有多少步骤可以使用——你的任务就是聪明地把它们填满。

- 在步骤树的每条分支上写下1至3个单词——这些显示相应段落要表达的是什么。
- 尽可能地使用信息里的词汇。
- 一旦填好了分支，围绕着每个段落汇集4—6个条目；它们将会成为句子。
- 考虑哪些方法可以展示你的论文与目标期刊所发表的论文神似。
- 不要在以何种特殊顺序填充图标方面担心——只要按你所想的把观点写下即可。
- 如果使用草图表比写字更快的话那就不妨使用草图表。
- 涵盖任何具体的信息。

参考文献

- 包括参考文献。引用时使用速记，譬如，在你的尾注里使用特别的数字。
- 使用参考文献来辩护你的论点，并显示你的观点是如何建立在既定的认识基础之上的。

论点和观点

- 包含以下信息：
- —提出论点/观点/信息。
- —指出同意方——解释同意的益处。
- —指出反对方——解释为什么你认为差异存在。
- 确定你没有插入过多的观点，比如说无论据的评论。要问的问题是，你的所有观点都有新的信息或参考文献支撑吗？

设立论点

一个段落里有三个经典的成分能表达清晰的论点并进行有力的论证。

1. 有**论点**吗？你不希望有无论点的段落！
2. 你给出适当的**论据**了吗？
3. 有**论证**来体现论据是如何支撑论点的吗？

尽管这是一个很好的开始，这并不就是一切。譬如，或许你想加一些有策略性的或有隐义的句子。但是一定要保证它们有据可循，而不是空中楼阁。如果存在同行评审这一程序，那么无据可循的观点将会使你陷入麻烦之地。

定义段落的文字能帮你看清你要提出的论点是什么。你能在你的图表里看到论据吗？

演进式发展

你可以试着坐下来，一气呵成地填完图表。我不认为这是对时间的有效运用。大多数人仅能保持20分钟左右的注意力，之后他们需要休息。这些图表的优点在于，每次看到它们，你就很快知道你上次是在哪停下来的，并能在几分钟乃至几秒钟内添加新的想法。

这种即时性使得在10至15分钟内也能工作成为可能，因为这样可以把片段式的时间通过图表纳入每一天而得以充分利用。这样使得你在写论文的时候更加切实可行，因为你不用特意在你的时间安排表里寻找大段的空闲时间。

何时停止？

之后你会发现图表的分支已经被填满了。 每个段落你都表达了一些思想，现在你可以从头到尾核查一遍，看看它们是否表达得很精准全面。你可以尝试着删减一些语句，看看效果是否更佳。

如果必要的话可以使用便利签或地址签来覆盖原初的想法——便利签有个优点，你可以简单地通过撕毁它们来恢复到原来的版本，相较而言，地址签则更为持久些。

当你图表中所有分支都密密麻麻地被填满并且你的论点成立的时候，这就好了。你可以动笔写了。

这个课程太好了！彼得的课充满了有用的实践技巧，我感觉受益匪浅。非常感谢！

伦敦大学学院的一名研究生

第 四 步

将 观 点 从 步 骤 树 转 换 成 列 表

不要添加——只需排序

一旦你填满了所有的分支，并且对此满意，你就进入了写作第一稿的阶段了。但是不要现在就开始了——时机还不是太成熟。你还要添加一些文字来提醒你什么时候你需要哪些段落。同样，围绕着段落里的词汇还有很多细节。它们还不是以最佳的顺序排列着。

进一步来说，步骤图有一个优点，每次你注视它的时候，你会重新开始思考，这同时也是它的一个缺点。思考很容易妨碍作者写作。我的意思是，如果当你在写作引言部分时你在思考方法论部分，那么你会迷失在你的思考里，文字也会停滞。如果在写笔下的句子的同时没有去思考下一个部分，那么这个句子很难完成。

你现在需要的助手就是一个旧信封。一张你可以使用然后随意丢弃的废纸。从步骤树里选一个你有足够时间解决的一个部分一比方说第2—4自然段。注意段落的顺序，然后是段落里的论点的顺序。现在把步骤树移到一边，深呼吸......准备打字。

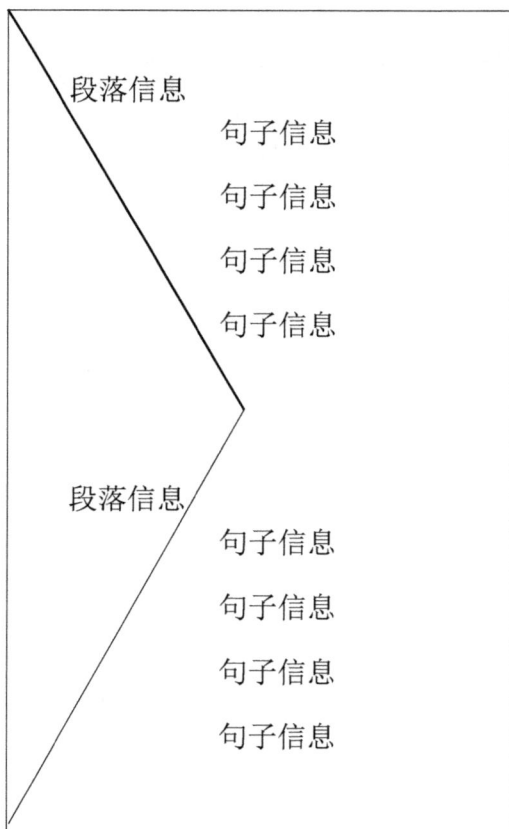

段落信息

句子信息

句子信息

句子信息

句子信息

段落信息

句子信息

句子信息

句子信息

句子信息

- ....

  -

  -

  -

  -

  -

- ....

  -

  -

  -

  -

  -

尽管课程一开始我有点担心我们是不是把写作放到太后面了——但是真正到了课程结束的时候，我终于醒悟到为什么如此，这正印证了培训师的观点。

布里斯托大学的一名高级讲师

第 五 步

构 思 主 稿

停止思考——开始写作

大多数人过早地就开始了写作。在不知道论文会向哪展开的时候他们就开始写句子和段落了。这有点像在还没定好目的地的情况下就开始了旅途。你可以那样做，但这不是创作大多数文件的有效方法。

我们有信息、观点、论据、论点，它们都需要认真地整理好，以便将我们的读者从一无所知引向知解。

如果你已经填好了步骤树并且做好了一些列单，那么你已经离写出一篇连贯精彩的论文不远了。但是你需要写出来——将句子串起来。

找到你的写作场所

为什么很多人会推迟写作的一个原因是，他们感到在开始写之前他们需要几个不受干扰的小时或者更理想的是，几天。这基于这个事实，即，如果没有一个认真规划好的计划，那么你需要把所有的观点同时集合在你的脑子里；你需要记住你所写过的，考虑你目前正在写的，并且明了你将要写的。

这个过程中的任何干扰都会酿成灾难。即使你记得你要写的是什么，你仍然需要重读你已经写过的并且努力继续写下去。

一个清楚的计划会减少这种危机。即便在短至10至20分钟的时间里，你也可以坐下来写上几段。你知道需要写什么，因为你已经把他们列在步骤树上了，而且你也记下要深入写的重要信息了。

思写——思考然后写作

就你先写什么后写什么方面你可以无忧了，因为你之前的计划和思考已经把它解决了。也就是说，你已经思考好了，现在该是写的时候了。

仅仅需要写！

- 给自己设一个短的截止日期——尝试15分钟，然后看看会发生什么。

- 在最后安排一些奖励措施—一杯咖啡，一块巧克力，会见一个朋友 ，回家......任何你认为好的事。

- 找一个你不受干扰的地方——如集你能找到一个安静的角落，那么餐厅也不失为一个好去处。如果你必须在办公室或实验室工作，和同事谈谈然后设计一个互相尊重他人空间的方法。你可以尝试使用标牌法。通过在桌子上摆一个牌子它能让你在20分钟内不受干扰。每个人一天可以在桌子上摆两次这个牌子。

- 然后写，写，写。使劲全身力数不要停止。看看列单上的第一个条目，把它变为句子，然后不要着急编辑它，移向下一个条目——编辑工作放到后面做。

当多数人对这个话题只"知其然"的时候，这个演讲却让我们在讨论中"知其所以然"。十分感谢您！因为您让我在写作的旅程中有了动力。

雷丁大学食品科学专业的一名博士生

第 六 步

修 订 使 其 清 晰 易 读

回到原来的情境

当你写好每部分的第一稿后，把它放上几天，之后来看你可能会有新的发现或见解。

准确记住你想做的是什么很重要。你有一些作品想发表在一个竞争激烈的期刊上。这个期刊看中专业质量，但也考虑到论文内容要在期刊所涵盖的领域内。这是结构和内容的结合——两个都重要。发表一篇质量高结构好的论文既对你有益也对期刊有益——这是振奋人心的双赢。

从宏观到微观

检查拼写、打磨句子和查看标点等编辑工作确实有时候很吸引人。这本身并没有错，问题是要按顺序做事。

你的第一步应该是，你设置的基本的宏观结构就是最终要打印成册的结构。检查标题以及每个标题下有多少文本。段落数跟你设想的一样吗？段落的长度跟你的目标期刊中的论文一样吗？

这不只是简单的数字计算。不同期刊里的论文段落长度差异很大，从中可以看出编辑希望他或她的期刊里有多少阐释/论据。有的热衷于澄清每个问题，有的汲汲于展出基本的论点然后继续。哪个方法都可取，但是你的工作就是以你的目标期刊追求的水准来写论文。

寻找路标式的句子

宏观编辑的下一站是审查每个段落的结构。记住，我们要确保没有无意思的段落；每个段落都表达了一些内容。如此这般，你应该能找准段落中重量级的句子。

抓只荧光笔开始读。在读的过程当中，划下任何对你的论点非常重要的句子或段落中的重要观点。找出段落中的要点。

问你自己：
1）那是我实际上想说的吗？
2）我表达的足够清楚，没人会误解吗？退一步说，即便他们想误读？
3）每个段落中你强调了几个观点？一个是最好的。如果你有很多，能否把它分开来？如果没有，那么能否插个句子进来？你把这个观点表达清楚了吗？

现在加一些形式

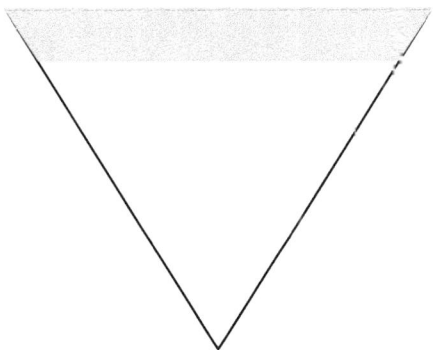

人们通常讨论两种段落形式——都是三角形，但是问题在于这个点是否在上方。现在我们必须要细心点。当把一个段落表现成一个三角形，人们倾向于为关键的观点、信息画一个宽条。所以当他们说一些段落中的观点在上面时，他们指的是内容，而不是三角形的行状。让我们看看这是如何运作的。

"倒置的三角形"是写简单易懂的论文最简单的方法。它把重要的概念放在每个段落的前面，剩下的句子由支撑性材料构成。当开首句被阐释证明清楚了，段落便结束。

你会在报纸和商务写作中经常看到它，但是在学术论文中却难觅其迹。问题是它看起来是不可思议地自信，因为在展开论据之前论点就已经摆出来了。学术论辩会由论据引可结论。

言毕，你会发现有很多段落都以摆出观点而开头。一会儿我们将厘清他们在论文中的位置。

另一种选择是以分步进行的方式摆出论据和说明直至你和读者被迫接受结论。在这种情况下段落以论点而告终。它给人的感觉就是高度可敬并且显示你知道你是如何到达终点的。

然而，读起来会很冗长。如果你的论文以一个读者对象多为从业者（医生、工程师、政策制造者，工业家等等）的期刊为目标，你会发现这种形式是罕见的。

它同样有被阅读速度快的读者忽略的风险。很多人跳读文本，只扫一眼段落首句。有解决方法吗？

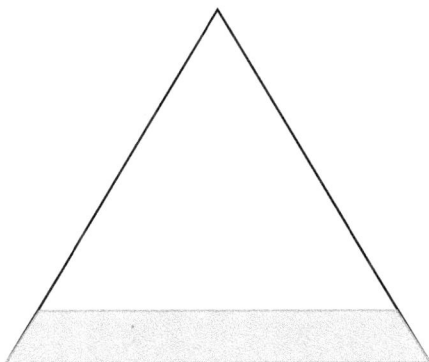

开头与结尾

若是首句让读者感觉到段落的走向，怎么样呢？然后用论据和说明展开段落。一步步展开后，你可以得出你的结论了。

事实上我们有一个切去顶端的鸡蛋计时器形状的段落。它有一个有意味的开头和结尾。它集合了前两种形状的最好部分。

这不是可以使用的唯一形式，但是如果你必须把重心放在底部，那么好好想想你如何依然能关注顶部。

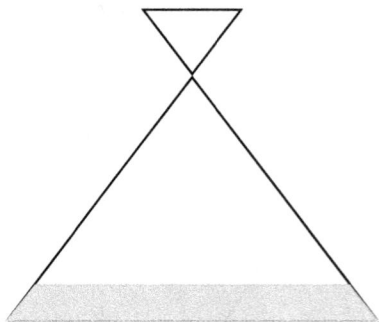

要避免的一个

把你的观点摆在顶部或底部都很清楚。你需要避免的问题是把关键的论点埋在中间。把它放在中间你就会有让编辑和同行评审者错过它的风险。当你的同行评审者说你应该提及一些你感觉你已经提及的内容时你能断定这已经发生了。当你看你的文本时，我有很强的预感你将发现它被埋在中间。

方案2
拿走这个"点"并把它放到段落的顶部以形成一个强有力的段落。

方案1
把这个段落一分为二。然后给没有论点的那部分加一个"点"。

方案3
拿走这个"点"并把它放到底部以形成一个可敬的段落。

包装每个段落

确定的还是新颖的？

对论文内容（基本上是句子）的绝大部分来说，你应该能确定你可以这么说，因为观点要么是确定的（观点有参考文献来支撑）或者是新颖的（它由论文中的数据支撑）。如果它既没有文献也没有数据支撑，那么它可能是没有说服力的观点。谨防......

把关键性的句子连缀起来

强调并突显关键性句子。确保当你一个接一个读它们的时候它们在讲述一个故事。之间的信息是用来支持、辩护、解释或揭示这些关键性句子的。

包含......

其他人的与你的观点/数据相吻合的著作——显示你的著作与其他人的相关。尽可能地寻找共同点。

其他人的与你的观点/数据不一致的著作——显示你能不管其他相反的出版物而坚持自己的观点。不要害羞，但也不要无视难题。

你是否对你的方法论和数据的薄弱部分感到忧虑？在这种情况下，尤其是在完美方法论根本不存在的情形下，你会如何来为你的结论辩护呢？借"朋友"之力（参考一些德高望重的学术权威）不失为良策。

采用振奋人心的语言

如果不确定的话，从你的目标期刊搜集几篇论文......列出一些关键词......用它们来制作一个词汇库。记住，振奋人心是由期刊来定义的。

确保第一句真的有价值。

当你的论辩逻辑步入下一个阶段时，努力向下一个自然段进军。

IMRaD 形式

很多科技论文遵循着一个标准的基本形式——他们有四个主要部分：引言、方法论、结论和讨论。在那个宏观结构内，有一个你能使用的更精细的分结构。有几个句子你可以认真考虑并带着特有的热情来打磨。

一开头就吸引注意力。确保前6个单词就在陈述内容。 找寻目标期刊中反复使用的关键词汇。在你写论文引言时使用它们。

引言

方法论

结论

讨论

以你的论文要写的是什么来结束引言。这可以是一个假设，或者对你将要展开的研究的一个描述。

通过陈述你的重要发现展开讨论......现在我们知道我们在讨论什么。然后继续讨论它。

提示他们你的发现，并且指出下一步你的走向。想想你会告诉谁。
- 编辑，当你提交你的另外一篇论文。
- 申请的评审者。
- 某个你想在未来与之工作的人。

当寻求帮助时要明确化

当有人携着文件走向我并说，"你介意看一下这个并给一些评论吗？"我总是感到疑惑不解。

我的答复是："是的，我介意。"

为什么我会显得如此不近人情？问题是我真的不知道你想要我做的是什么，并且我敢肯定我的评论你不会喜欢的。

在你让他人读你的稿子之前，切记告诉他们四件事。当你把稿子给他们让他们做出评论时，要附上一个封面放在最上面。

1.主要信息是什么？告诉他们这篇论文中要表达的是什么以及你要传递的信息，所以他们不至于解读出其他意思。

2.谁是有决定权的读者？
　　告诉他们你写这篇论文要取悦的对象是谁，然后他们就不会想着去满足其他人的愿望。

3.你期盼的是他们哪方面的专家意见？
　　提醒他们与论文相关的专门特长。可能是这个人手上已经有了相关的数据，或者此人对统计尤为擅长，等等。将他们引向那方面并把大权交给他们。这就会在一定程度上避免让他们在自己不擅长的领域无法施展武艺而徒生浪费。

4.什么时候你希望得到回复？
　　在封面上标注一个最后期限。这不一定会产生冒犯，这仅仅是给自己一个在特定日期向他们询问事情进展的一个许可而已。
　　如果此人是你的老板，那么不妨在把论文交给他之前跟他讨论一下最后期限，然后在封面上作一个温馨提示。如果可能的话，向他表示这个日子对他来说有多么重要——为什么选这个日子会对他们有益？

对他人的回应

谨记我们的基本策略：
1. 我们希望其他人了解我们的思想。
2. 为此我们需要写作并发表论文。
3. 要让论文发表我们得有好的内容并能激发编辑的兴趣。
4. 如果你让你的论文顺利发表，那么其他人就会有机会了解你的观点并回应。

　　成功的关键就是让论文发表。

这如何有助于你的编辑工作？

　　不少人会很乐意就你的论文发表很多看法。如果你把论文拿给一个以上的人看，那么就会得到不同的评论。对这些评论你怎样处理才能不致于弱化你对论文的著作权和拥有权？

　　首先，深呼吸，然后放松。没人会喜欢别人在自己的论文上涂涂写写，所以你得保持镇定。

　　其次，通读论文看看评论者作的评论。问问你自己，添加这个论点会增加还是减少论文发表的几率？——这使主要的观点更加明晰还是徒增混乱呢？这使得这篇论文更加吻合目标期刊的口味还是越来越向其他期刊靠拢呢？一言以蔽之，这个评论有助于使信息走向市场吗？

　　通常情况下每条评论都可以归入以下三类中的一类：

A）十分有用：我愿意接受它。
B）其实没什么区别：如果你是我的上级我就会接受它。
C）比较麻烦的评论：接受它会严重损坏论文。如果这是一个下级作的评论那么就忽略它。如果来自上级那么你得跟这个人商讨下。努力减少讨论的问题——这样不会耽误上级的时间。

附言

写信给编辑

编辑每天会收到成千上万的论文；在一些著名的期刊工作的编辑会收到更多。不论你是邮递还是以电子方式传送，他们首先看到的就是附言。它会带来怎样的印象？

你是谁？

地位确实重要......确实是这样。你工作的机关比你的地位高。不过既然它雇用了你那么它对你的评价也不低。如果你在一个享有声望机关工作，那么要确保你把这个表达得很清楚，因为它有助于确定你的声音值得倾听。

既已知晓的

在开篇，介绍你的论文背景。以一两句话概述大家都已知道的信息。

概念演进

然后直接陈述你的发现或结论。在很多情况下，你可能只需写下你的信息。不要害羞。

这不是你掩藏你应该呈现的东西的时候。编辑会决定他或她是否有必要把论文发送给同行评审者或即刻拒绝。帮助他们做出正确的决定。

为何这篇论文要发表在这个期刊

编辑还将会确定你是否送对了期刊。用一句话告诉编辑这篇论文与期刊中的其他论文多么和谐。它回答了它们问的问题了吗？它与其他发表过的论文有矛盾吗？它为期刊惯常涵盖的领域带来了新的方法吗？同样不要退缩——明快地表达清楚。

推荐评审者——或排除

选择评审者对编辑来说并非易事。他们需要选择那些既近得可以给出真知灼见性的评论又远得不致于给出有偏见的评论的人士。

很多期刊现在让你给出一些你认为比较公正的人员的名单，并且提及你不希望看到你的论文的人名。这可能是因为你不希望他们在你的论文发表之前看到它，或者是以往在会议等场合的经历让你觉得这些人会非常苛刻。

现在就把论文寄出吧！

很多从事研究的人都是一些期刊俱乐部的成员。周复一周，俱乐部会常常有一个成员拿来一篇与他们的研究领域相关的论文。他们介绍这篇论文，然后每个人对此进行讨论。我从未发现哪篇论文未受批评而安然无恙。很多都受到了鞭笞乃至重创。

现在要记住，这些论文都经受过同行评审，经受过编辑并且已经发表了。

那么这意味着同行评审体系和编辑决策是完全有缺陷的吗？不，我不这么认为。这向我们指出的是一篇学术论文的实质。

论文在一个漫长的发现过程当中充当的是里程碑和脚步的角色。很少有，如果真有的话，完全确定而不被反驳的论述。语法完美的优美散文寥寥无几，尤其是在科学领域。但是它们都被发表了，它们可以做你的职业生涯的垫脚石。

那么何时准备送出呢？

每次看你的论文你都有可能发现，有的需要再改一下，需要再引用一篇论文，需要再添加一个例子。几乎毫无疑问，评审者会要求你做些修改——他们似乎认为一个不要求对论文做些改变的评论是未经深思熟虑的，尽管这同样一个人常常抱怨其他评审者对他做了同样的要求。

底线就是，你绝不可能等到你的论文完美无缺，但是你可以让你的论文达到可以考虑发表的水平。这是有差异的。这绝不是说你提交的是杂乱的废品。你仍然需要定一个较高的目标。但是不要对自己要求过高。

读一下你的论文，看看论文推敲的水平是否接近在目标期刊里发表过的论文。临近编辑结束时你可以把论文拿给从未读过它的人看，然后问他们读到了什么。如果他们告诉你的正是你要传达的信息，那么你可以开始放松了。要确定它与你的目标期刊的基本风格吻合——并且符合"给作者的说明"里的所有要求。

然后发送出去，等待。在评审的过程当中，你势必要做些事，所以不要让它给你带来失望（苦恼，是的；失望，非也！）但是，准备在它发表后开心吧。好运！

别忘了在论文发表后联系思写，我们将会把它添加到我们的高质量论文列表里。

如果你觉得这个手册对你有帮助，你可能会有兴趣参加我们的课程。若要了解更多的细节，请登陆www.thinkwrite.biz，以下是全套课程。

会议摘要和海报

你正处于研究的中期阶段并且你想告诉你的同事。带张海报去参加学术会议是展示你的研究和交际的很好的方法。这套《思写》课程将会帮你写就一篇目标明确的会议论文并且创制一份有目标导向的海报。

高质量论文

《思写》这套课程中最受欢迎的课程。你几近完成一项研究并且有了一些数据，正准备着手写论文。高质量论文将能通过大幅提升你的论文在你选定的期刊发表的几率来帮你改善你的职业生涯。

计划并写作论文

你正走在博士课程或硕士课程的半道而且不知道如何能将观点转变成一篇论文吗？或者你的资金已临近终了，你正需要人指导你如何充分利用有限的时间？《思写》：我的论文将会帮你计划和运作写作过程以使你的论文符合学校的要求并且不会浪费时间。

写作目标明确的资金申请提议

赢得资金并非易事，申请资金的写作有着特殊的风险。然而，这是学术生活中基本的部分。这个课程通过用正确的观点对准正确的资助机构帮助参与者提高成功的几率。它告诉大家如何用一种有效的资金申请写作方法来节约时间，以腾出更多的时间做研究或写另外一篇资金申请。

自信地说

选择一个一日培训课程，或者设立一套两小时培训课程，分布在几个月内。每次参与者参加，他们都会作简短的发言，目的是实现一些特定的目标，比如说声音的多样性，清晰的结构，自信的肢体语言，等等。此种渐进式的训练是开发这种职业生涯建构技巧的好方法。

写书：信息、结构和市场

你想写一部书吗？这个课程带你清理并整合基本的观点和信息，这样书写作起来就会比较自如，没有重复，也不会遗失重点。它还会向你介绍与合同相关的信息，并且鼓励你去考虑市场机会。

反思性写作

反思性写作是一些课程中被评定的一部分。这也是帮助个人思考他们的研究和生活的一个宝贵的方法。这个《思写》课程会介绍各种有助于反思性练习的方法。

面向大众发表的科技写作

公共资助的科学需要公共兴奋点。如果科学家能用朴实的语言和形式让大众感受和了解科学的复杂性、不确定性和可能性，这便会成为可能。对专业科学家来说，这并不很容易。习惯了很多年按学术风格和结构写作的科学家，需要反思来与他们同行之外的人交流。这个课程会帮助你冲出学术圈子并引导你如何在公共媒体中定位你的论文。

www.ingramcontent.com/pod-product-compliance
Lightning Source LLC
Chambersburg PA
CBHW070034110426
42741CB00035B/2765